DE LA FALSIFICATION

DES

TIMBRES-POSTE

BRUXELLES. — TYP. DE VEUVE J. VAN BUGGENHOUDT
Rue de l'Orangerie, 22.

DE LA FALSIFICATION

DES

TIMBRES-POSTE

OU NOMENCLATURE GÉNÉRALE

de toutes les imitations et falsifications, ainsi que des divers timbres d'essais de tous pays,

PAR

J.-B. MOENS.

BRUXELLES,
MOENS, LIBRAIRE-EXPERT,
Galerie Bortier, 7.
PRÈS LA RUE SAINT-JEAN.

BRUXELLES,
MISONNE ET BONNET,
libraires,
1, PLACE DU TRÔNE, 1.

1862

INTRODUCTION.

Les nombreuses contrefaçons de timbres-poste augmentant journellement, une nomenclature en est devenue nécessaire.

Les renseignements positifs que l'on trouve dans cet ouvrage, permettent de rejeter immédiatement les essais, imitations et falsifications de timbres que l'on pourrait présenter comme *réels*.

Cet ouvrage est donc de toute nécessité au collectionneur de timbres-poste, ainsi qu'au collectionneur d'essais et contrefaçons, collection qui n'est pas la moins intéressante.

On observera peut-être que le *Manuel du collectionneur de timbres-poste*, (dont la deuxième édition a paru depuis peu), a le même avantage puisqu'il donne la nomenclature de tous les timbres réels, ce qui permet de rejeter tous les autres comme faux; c'est une grave erreur, car il est impossible de publier journellement tous les divers changements apportés aux timbres-poste, et l'on pourrait ainsi refuser ceux que l'on aurait de la peine à se procurer plus tard; au reste, il suffira de lire cet ouvrage pour juger de son utilité.

Parmi les timbres falsifiés, on remarquera que l'on s'attache de préférence à ceux dont les couleurs tendres facilitent beaucoup leur changement au moyen de quelque acide. Quant aux timbres contrefaits, les graveurs s'y donnent carrière; c'est en effet une belle occasion d'exercer leur talent et qui ne laisse pas que d'être lucrative, puisqu'ils ont soin de n'imiter jamais que les timbres les plus rares.

Je ne mentionne ici que pour gouverne *la Polka des timbres-poste* de M. J. Arnold, dont l'illustration représente une série de divers timbres qu'il est inutile de décrire puisqu'ils n'ont aucun rapport avec les essais et contrefaçons.

S'il me survenait par la suite quelques renseignements utiles à faire connaître, je les publierais dans la deuxième édition.

Le collectionneur ayant tout intérêt à me communiquer les lacunes qui pourraient se rencontrer dans cet ouvrage, voudra bien, je l'espère, m'en informer s'il y a lieu.

Bruxelles, juillet 1862.

J.-B. MOENS,
Galerie Bortier, 7.

ABRÉVIATIONS.

Car.	Carré.
Coul.	Couleur.
Dentel.	Dentelé.
Envel.	Enveloppe.
Gr.	Grand.
Imp.	Impression.
Lith.	Lithographié.
Obl.	Oblong.
Oct.	Octogone.
Ova.	Ovale.
Pet.	Petit.
Rect.	Rectangulaire.
Triang.	Triangulaire.

Le mot *Nom :* signifie que la désignation du pays se trouve renseignée sur le timbre.

EUROPE.

Autriche (Empire d').

TIMBRES COMPLÉMENTAIRES, DE RETOUR OU DE RÉEXPÉDITION.

Croix de saint André en couleur sur papier blanc, rect.

Jaune, noir, rouge, brun, bleu.

Croix de saint André blanche, sur fond de coul. rect. dentel.

Jaune, orange, noir, vert, rouge, brun, bleu.

Croix de saint André en couleur sur papier blanc, rect. dentel.

Jaune, orange, vert, rouge, brun, bleu.

NOTA. Ces timbres n'ont aucune signification, et voici à quoi ils doivent leur existence : La feuille de timbres étant destinée à n'en contenir que 60 sur huit rangées, l'espace restant de la dernière est annullé d'une croix de même couleur et c'est ce qui forme ces soi-disant timbres.

Bade (Grand-Duché de).

FALSIFICATION.

Nom, chiffre indiquant la valeur, imp. noire, car.

9 kreuzer blanc.

NOTA. Pour obtenir ce timbre il suffit de passer le 9 kr. rose dans quelque acide.

Bavière (Royaume de).

ESSAIS.

1861. — Nom, chiffre dans un cercle indiquant la valeur, imp. noire, car.

1 kreuzer bleu, 1 kr. mauve, 1 kr. bistre, 3 kr. bleu, 6 kr. violet, 6 kr. brun, 9 kr. bistre, 9 kr. vert, 9 kr. rouge, 12 kr. rose.

Belgique (Royaume de).

ESSAIS.

1847. — Effigie à droite du roi Léopold Ier (sans encadrement), imp. noire rect.

10 cent. jaune, 20 cent. blanc (sur papier glacé).

1849. — Effigie à droite du roi Léopold Ier (avec encadrement), imp. coul. rect.

10 cent. bleu, 40 cent. noir.

1849. — Effigie à droite du roi Léopold Ier (avec encadrement), imp. coul. rect.

10 cent. noir, bleu (sans désignation de valeur).

1862. — Effigie à relief du roi Léopold Ier regardant à gauche (avec couronne de laurier), imp. coul. rect.

10 cent. gris.

Brême (Ville libre de).

1° ESSAI.

1860. — Nom, armoiries de la ville (clef horizontale dans un écusson), imp. noire, rect.

7 grote gris perle.

2° FALSIFICATION.

Timbre semblable.

5 grote blanc.

NOTA. Le timbre rose de 5 grote a servi pour cette falsification.

Danemark (**Royaume de**).

1° ESSAIS.

Tête de mercure à gauche dans un cercle, imp. coul. car.

4 r. b. s. — 1 1/4 sch. c. brun.

Effigie à droite du roi, dans un cercle, imp. coul. car.

8 r. b. s. — 2 1/2 sch. c. brun.

2° IMITATION.

Valeur au milieu du timbre, imp. noire car.

3 thiele blanc.

Deux-Siciles (**Royaume des**).

NAPLES.

IMITATIONS.

Nom, armoiries dans un cercle (cheval et trinacrie ou assemblage de trois jambes humaines dont les extrémités sont cachées par une tête de Méduse et trois fleurs de lis des Bourbons), imp. coul. car.

1/2 grano lie de vin.

Gouvernement provisoire.

TIMBRES DE JOURNAUX.

Même type que le précédent, imp. coul. car.

1/2 tornèse bleu.

Nom, croix de Savoie, imp. coul. car.

1/2 tornèse bleu.

NOTA. Ces trois timbres sont lithographiés au lieu d'être en taille douce, en outre le 1/2 tor. croix de Savoie a une différence assez marquante avec le timbre original, car ce dernier laisse encore un fond du type précédent, et l'on remarquera que la lettre G a été surchargée d'un T; l'imitation est beaucoup plus nette, le fond de la croix entièrement uni et la lettre T n'annonce aucune surcharge.

SICILE.

ESSAI.

Nom, effigie à gauche du roi Ferdinand II, imp. coul. rect. de plus petite dimension que ceux qui ont été en usage, 22/18 au lieu de 24/20.

10 grana bleu.

Espagne (Royaume d').

IMITATIONS.

Armoiries (ours montant sur un arbre), dans un ovale surmonté d'une couronne, encadrement octog. rect.

1 cuarto doré.

NOTA. Ce timbre au lieu d'être bronzé est doré, le dessin en est assez bien réussi, mais le timbre est loin d'avoir la netteté de l'original, et il s'en trouve où la couronne est entièrement invisible. Il est lithographié au lieu d'être en taille douce.

Correo oficial.

1854. — Armoiries royales, millésime indiqué, imp. noire sur papier coul. rect.

1/2 onza orange, 1 on. rose, 4 on. vert, 1 libra bleu-pensée.

NOTA. Ces timbres sont tous lithographiés au lieu d'être typographiés.

Français (Empire).

1° IMITATIONS.

Effigie de la république, sans désignation de valeur, avec les mots : *Essai* 1858, imp. coul. rect.

Jaune, rose, vert, bleu.

NOTA. Le millésime indique assez que ces timbres **ne** sont nullement des essais, comme on veut bien le faire croire, attendu que le gouvernement français n'a jamais eu l'intention en 1858, de créer des timbres à l'effigie de la république.

2° ESSAIS.

Effigie de la république, imp. coul. rect.

10 cent. vert, 15 cent. jaune, 20 cent. bleu, 1 fr. groseille, 1 fr. noir.

Aigle impérial, imp. noire, rect.

Blanc avec lettres N L (sans désignation de valeur).

Nom, effigie à gauche de l'Empereur Napoléon III, imp. coul. rect.

1 cent. brun, 5 cent. bleu.

Colonies françaises.

ESSAIS.

Nom, aigle impérial couronné, imp. coul. car.

10 cent. noir, 10 cent. vermillon, 10 cent. grenat.

Grande-Bretagne (Royaume de la).

1° FALSIFICATION.

Effigie à gauche de la reine Victoria, imp. coul. rect. dentel.

2 pence noir.

NOTA. Ce timbre rend sa couleur primitive (bleu) en le mettant à l'eau.

2° ESSAIS.

1841. — Chiffre dans un ovale, avec les mots : post-office, dans un 2me ovale, imp. coul. rect.

1 penny 1/2 oz. guilloché rouge et bleu, guilloché rouge et vert.

1860. — Effigie à gauche de la reine Victoria dans un écusson, imp. coul. rect.

3/2 pence carmin.

1862. — Effigie à gauche de la reine Victoria, imp. coul. rect.

3 pence rose.

ENVELOPPES.

1837. — *London district post* : Couronne avec lettres V R dans un ovale, répétée aux quatre angles et entourées d'un cercle, imp. coul. sur toute l'enveloppe sauf le centre blanc.

1 penny bistre.

1837. — Timbre semblable se fermant carrément.

1 penny bistre.

1837. — *London district post* : Quatre couronnes avec lettres V R encadrées carrément, imp. coul. sur toute l'enveloppe, sauf le centre blanc ; avec les mots : post-office cover, à une extrémité et se fermant carrément.

2 pence vert.

1840.—Effigie à relief de la reine Victoria regardant à gauche,imp.coul. ovales.

1 penny 1/2 oz. bleu, 1 p. 1/2 oz. noir, 1 p. brun-rouge.

1855. — Effigie à relief de la reine Victoria regardant à gauche, imp. coul. octog.

6 pence lilas.

1860. — Effigie à relief de la reine Victoria regardant à gauche, imp coul. dans un écusson.

3/2 pence rose.

3° ENVELOPPES ILLUSTRÉES.

1° **OCÉAN PENNY POSTAGE** (*vaisseau*), avec l'inscription suivante :
« **THE WORLD AWAITS GREAT BRITAIN'S GREATEST CITY TO**
» **MAKE HOME EVERYWHERE AND NATIONS NEIGHBOURGS.** »

Ce qui signifie mot à mot :

Le monde s'attend à ce que la plus grande ville de la Grande-Bretagne fasse partout son chez soi, et toutes les nations voisines.

2° **OCÉAN PENNY POSTAGE** (*matelot tenant un drapeau*).

« **BRITAIN, BESTOW THIS BOON, AND THOU IN BLESSING BLEST,**
» **WILL LINK ALL LANDS WITH THEE IN TRADE AND PEACE.** »

Bretagne accorde ce bienfait (c'est-à-dire une taxe uniforme de 1 penny), alors en rendant heureux tous les pays, bénie par eux tu te les attacheras dans le commerce et dans la paix.

3° **TÊTE DE MERCURE** à gauche de l'enveloppe, *chemin de fer*, etc., etc.

« **FROM THEE THE WORLD EXPECTS, BRITAIN AN OCÉAN PENNY**
» **POSTAGE, TO MAKE HER CHILDREN ONE FRATERNITY.** »

Le monde attend de toi, ô Bretagne, un océan penny postage, pour faire de ses enfants une seule fraternité.

Comme on le voit par ces inscriptions, ces prétendus timbres ne servent qu'à attirer l'attention du public sur l'opinion de quelques exaltés qui voudraient une taxe uniforme de 1 penny ou dix centimes pour toute l'Angleterre et ses colonies.

Pour se convaincre de leur nullité, les incrédules n'ont qu'à examiner l'une d'elles (*tête de Mercure*) qui laisse à droite une place destinée au timbre-poste, prix de l'affranchissement de la lettre, qui sans lui serait taxée ; ce timbre lui ôte donc alors tout ce qu'elle pourrait avoir d'officiel.

Ensuite pour un shilling ou 1.25, l'on obtient 25 de ces enveloppes gommées ou 30 non gommées, qui ont chacune, dit-on, la valeur de 1 penny, soit 30 pence pour les 30 enveloppes ou 2 1/2 shilling et on les obtient pour 1 shilling.

Ce rabais d'affranchissement impossible est la preuve la plus convaincante que l'on puisse donner.

En voici d'un autre genre :

1° *A droite diverses tortures infligées aux nègres, à gauche un drapeau portant l'inscription suivante, au pied duquel se trouve, avec son lion, la Grande-Bretagne affranchissant un nègre :*

« **GOD HATH MADE OF ONE BLOOD ALL NATIONS OF MEN.** »

Dieu a fait d'un sang toutes les nations d'hommes.

2° *Deux cornes d'abondance se séparant pour former un centre, de chaque côté des prophéties d'Isaïe ; à gauche Isaiah XI, 6. L'enfant et l'agneau jouant avec des lions, des tigres, etc., à droite Isaiah II, 4 ; on forge des instruments d'agriculture avec des lances, des épées, etc. ; elle porte l'inscription suivante :*

« **NATION SHALL NOT LIFT UP SWORD AGAINST NATION NEI-**
« **THER SHALL THEY LEARN WAR ANY MORE.** »

Aucune nation ne lèvera plus l'épée contre d'autre nation, ni apprendra-t-on plus la guerre.

3° *Un ange apportant la paix, au pied duquel se trouvent un guerrier et un homme du peuple fraternisant, à gauche un palais (congrès des nations), à droite, divers instruments d'agriculture et de commerce ; au bas, le commerce de toutes les nations avec la Chine. Cette enveloppe porte l'inscription suivante :*

« **ARBITRATION FOR WAR, UNIVERSAL BROTHERHOOD, FREE-**
» **DOM OF COMMERCE.** »

Arbitration au lieu de guerre, fraternité universelle, liberté de commerce.

NOTA. Ces inscriptions prouvent assez que ces enveloppes n'ont jamais pu servir à l'affranchissement des lettres, puisqu'elles n'ont pour but que de se créer des partisans des réformes qu'elles désirent.

4° VARIÉTÉS.

Certaines maisons en faisant timbrer leurs enveloppes, font ajouter au timbre un encadrement qui donne et leur nom et leur domicile. Ces timbres n'étant point ceux d'un office particulier, et cet encadrement ne formant point un nouveau type de timbres officiels, nous les renseignons ici, puisqu'ils ne sont que des variétés.

— Effigie à relief de la reine Victoria regardant à gauche, imp. coul. rondes.

British. Workman, 9 paternoster row London.

1 penny rose.

Timbres semblables.

Smith Elder et c°, 6 Cornhill, London.

1 penny rose, 2 p. bleu, 4 p. vermillon, 6 p. violet, 1 sh. vert.

Timbres semblables.

W. H. Smith et son, 186 Strand, London.

1 penny rose, 2 p. bleu.

Grèce (Royaume de).

ESSAIS.

Nom, tête de Mercure à droite, imp. coul. rect.

1 lepton noir sur jaune, 20 l. indigo sur blanc.

Hambourg (Ville libre de).

ESSAI.

1859. — Nom, chiffre entouré des armoiries de la ville indiquant la valeur, imp. coul. rect. de plus grande dimension que ceux actuellement en usage 26/21 au lieu de 22/19.

1 sch. marron.

Italie (Royaume d').

ESSAIS.

1852. — Effigie à droite du roi Victor-Emmanuel II, avec inscriptions à relief sur papier coul. rect.

5 cent. bleu.

1855. — Même effigie avec inscriptions à relief et grand encadrement de coul. imp. coul. centre blanc, rect.

20 cent. vert.

Lubeck (Ville de).

ESSAI.

Nom, armoiries (aigle à double tête), rect.

4 sch. noir.

Luxembourg (Grand-Duché de).

1° ESSAI.

1852. — Effigie à gauche du roi-grand-duc Guillaume III, rect.

1 sgr. noir.

2° IMITATION.

Nom, armoiries du grand-duché, imp. coul. rect.

30 cent. lilas.

NOTA. Ce timbre est grossièrement fait et est dessiné à la plume (lith.), au lieu d'être typographié.

Modène (Duché de).

1° VARIÉTÉ.

Armoiries (aigle), imp. noire sur papier coul. rect.

49 cent. bleu.

NOTA. La valeur réelle de ce timbre est 40 cent., cette différence provient d'erreur typographique.

2° IMITATIONS.

Timbres semblables.

5 cent. vert, 9 cent. B. G. violet, 10 cent. rose, 15 cent. jaune, 25 cent. chair, 40 cent. bleu, 1 lira blanc.

NOTA. Sauf les chiffres qui indiquent la valeur, ces timbres sont assez bien exécutés, l'aigle cependant a les ailes plus massives et la nuance du 25 cent. diffère sensiblement.

Gouvernement provisoire.

Nom, armoiries (croix de Savoie), imp. coul. rect.

5 cent. vert, 20 cent. lilas.

NOTA. Le dessin de ces timbres est assez embrouillé, les ornements aux angles et les mots *provincie Modonesi* sont un peu plus grands, ils sont ainsi que les précédents lithographiés au lieu d'être typographiés.

Odenbourg (Grand-Duché d').

FALSIFICATIONS.

1851. — Nom, chiffres indiquant la valeur, entourés d'armoiries, imp. noire, rect.

1/3 sgr. jaune.

1858. — Nom, armoiries imp. noire, rect.

1/3 gr. jaune, 2 gr. blanc.

NOTA. Les timbres 1/3 vert et 2 gr. rose ont servi pour ces falsifications.

Parme (Duché de).

IMITATIONS.

Nom, armoiries (fleur de lis dans un grand écusson), imp. noire sur papier coul. rect.

15 cent. rose.

Nom, armoiries (fleur de lis dans un petit écusson) avec les mots : *Duc di Parma piac. ecc.* imp. coul. rect.

15 cent. rouge (sur papier bleuté).

NOTA. Ces 2 timbres assez mal exécutés sont dessinés à la plume (lith.) au lieu d'être typographiés.

Nom (Stati Parmensi), chiffre indiquant la valeur, imp. noire, rect. encadrement octog.

6 centesimi carmin, 9 cent. bleu.

Nom, armoiries (fleur de lis dans un petit écusson) avec ces mots : *Duc di Parma Piac. ecc.* imp. coul. rect.

15 cent. vermillon, 25 cent. brun, 40 cent. bleu.

Gouvernement provisoire.

Nom (Stati Parmensi), chiffres indiquant la valeur, imp. coul. rect. encadrement octog.

5 cent. vert, 10 cent. brun, 20 cent. bleu, 40 cent. vermillon, 80 cent. jaune.

NOTA. Tous ces timbres de Parme, sauf les deux premiers, sont lithographiés au lieu d'être typographiés, ils sont d'une exécution assez parfaite, mais la nuance diffère un peu.

Pays-Bas (Royaume des).

ESSAI.

Effigie à droite du roi Guillaume III, imp. coul. rect.

5 cent. noir.

Prusse (Royaume de).

FALSIFICATION.

Effigie à droite du roi Frédéric Guillaume IV, imp. noire fond quadrillé, rect.

3 sgr. gris.

NOTA. Le timbre 3 sgr. jaune de l'émission de 1850 a servi pour obtenir cette nuance.

Romagne.

Gouvernement provisoire.

IMITATIONS.

Nom, chiffres indiquant la valeur, imp. noire, sur papier coul. rect.

1/2 baj. paille, 1 baj. gris, 2 baj. jaune, 3 baj. vert, 4 baj. fauve, 5 baj. violet, 8 baj. rose, 20 baj. bleu.

NOTA. Ces timbres assez bien exécutés, sauf le mot *bollo*, qui est d'un caractère un peu plus petit, sont lithographiés au lieu d'être typographiés et la nuance du 1/2 baj. est beaucoup plus jaune.

Saxe (Royaume de).

FALSIFICATIONS.

Nom, effigie à droite du roi Frédéric-Auguste, imp. noire, centre noir, rect.

1 neugr. blanc, 3 neugr. gris.

NOTA. Le 1 neugr. rose et 3 neugr. jaune ont servi pour ces falsifications.

Suisse.

Administration fédérale.

1° FALSIFICATION.

Armoiries (croix blanche sur écusson fond rouge), imp. noire sur papier coul. rect.

10 rap. gris ardoise.

NOTA. Le 10 rap. jaune a servi à rendre ce timbre de cette couleur.

Administration cantonale.

GENÈVE.

2° IMITATION.

Nom, armoiries (à gauche de l'écusson un aigle, à droite une clef) avec les mots : Poste de Genève, imp. noire, rect.

Port cantonal : 5 cent. blanc.

NOTA. Ce timbre, fort bien exécuté, a été tiré sur papier de factures et l'on y a laissé subsister les caractères au revers du timbre.

3° ESSAI.

Nom, armoiries (à gauche de l'écusson un aigle couronné, à droite une clef) avec les mots : Poste de Genève, imp. noire, rect. de petite dimension.

Port local : 5 cent. jaune.

Turquie (Empire de).

IMITATIONS.

Croissant surmonté d'une étoile, imp. coul. car.

6 truzi olive.

Toison d'or avec les lettres J E du bas, imp. coul. octog.

3 mara carmin.

NOTA. L'empire de Turquie n'a émis jusqu'à présent aucun timbre.

Wurtemberg (Royaume de).

ESSAIS.

Nom, chiffre indiquant la valeur, imp. noire sur papier coul. car.

3 kreuzer bleu, 6 kr. bleu foncé.

ASIE.

Indes Orientales.

(Possession anglaise.)

VARIÉTÉS.

Effigie à relief de la reine Victoria regardant à gauche, imp. coul. rondes.

Smith Elder et c° East india agents, London.

1 penny rose, 2 pence bleu, 4 p. vermillon.

NOTA. Ces timbres ont la même signification que ceux employés par cette maison à Londres. (*Voir pour plus de renseignements page 16.*)

AFRIQUE.

Cap de Bonne-Espérance.

(Possession anglaise.)

ESSAI.

Nom, déesse (Britannia), imp. coul. triang. lith.
4 pence rose.

Libéria (République de).

ESSAI.

Nom, déesse de la liberté, imp. coul. rect. dentel.
12 cents lilas.

AMÉRIQUE.

Argentine (Confédération).

IMITATIONS.

Soleil à l'horizon, entourage grec, imp. coul. rect. avec les mots :
CONFÉDÉRATION ARGENTINE.

5 centavos vermillon, 10 cent. vert, 15 cent. bleu.

NOTA. Ces timbres sont lithographiés au lieu d'être typographiés, ils sont dépourvus du bonnet phrygien et l'entourage grec est assez mal exécuté.

Brésil (Empire du).

IMITATIONS.

Chiffres droits indiquant la valeur, imp. noire, obl.

180 reis, 300 r., 600 r.

NOTA. La mauvaise exécution de ces timbres les fait facilement reconnaître; ils sont dessinés à la plume (lith.) au lieu d'être en taille douce.

Canada.

(Possession anglaise.)

ESSAIS.

Effigie à gauche de la reine Victoria, imp. coul. rect.

12 1/2 cents, 6 pence stg. noir, 12 1/2 cents, 6 p. stg. bleu.

Chili (République du).

ESSAI.

Nom, effigie à gauche de Christophe Colomb, imp. coul. rect.

5 cent. noir.

États confédérés de l'Amérique du Nord.

IMITATIONS.

Nom, effigies diverses à droite dans un cercle, imp. coul. rect.

5 cents vert, 10 cents bleu.

NOTA. Ces timbres n'ont aucun rapport avec les originaux ; ils sont sur fond ligné au lieu d'être unis, les effigies n'ont aucune ressemblance, la disposition des inscriptions est toute autre et ils sont dessinés sur pierre au lieu d'être gravés sur acier.

États-Unis de l'Amérique du Nord.

1° FALSIFICATIONS.

Nom, en haut U S., effigies diverses, imp. coul. sur fond olive, rect.

1 cent. bleu, 3 cent. rouge, 5 cent. brun, 10 cent. vert, 12 cent. noir.

NOTA. Afin de leur donner ce fond de couleur, on a fait subir une préparation aux timbres imprimés sur papier blanc.

Timbre semblable.

10 cent. bleu.

NOTA. Le 10 cent. vert a servi pour cette falsification.

Offices particuliers.

2° IMITATIONS.

Boyd's city express post (*aigle*), imp. noire sur papier glacé, ovales.

2 cents vert, 2 cents vermillon.

Gordon's city express (*facteur*), imp. noire sur papier glacé, car.

2 cents vert.

PHILADELPHIE. *Blood's penny post*, petit obl.

Bleu sur glacé blanc, doré sur glacé noir, doré sur blanc.

NOTA. Tous ces timbres sont lithographiés au lieu d'être typographiés et l'impression moins nette, laisse beaucoup à désirer.

Guyane.

(Possession anglaise.)

ESSAI.

Armoiries (vaisseau tourné à gauche), millésime 1853, rect. Taille douce.

4 cents noir.

Nouveau-Brunswick

(Possession anglaise.)

ESSAI.

Nom, effigie de face de Connell, imp. coul. rect.

5 cents brun.

Nouvelle-Écosse.

(Possession anglaise.)

ESSAI.

Effigie à gauche de la reine Victoria, imp. coul. rect.

1 cent vert.

Paraguay (République du).

ESSAIS.

Nom, armoiries (lion et bonnet phrygien), imp. coul. sans désignation de valeur, rect.

Noir, rose, bleu, vert, rouge, violet.

Pérou (République du).

ESSAIS.

Armoiries blanches à relief du Pérou, imp. noire, car.

1 dinero blanc, 1 pesela blanc.

OCÉANIE.

Hawaïen (Royaume).

(Iles Sandwich.)

HONOLULU.

IMITATIONS.

Nom, chiffre indiquant la valeur. imp. coul. rect.

Hawaïan postage inter island, uku leta.

1 cent bleu, 2 cent noir.

NOTA. Le 1 cent bleu est fort bien exécuté, le chiffre 2 laisse beaucoup à désirer; ils sont lithographiés au lieu d'être typographiés.

Océan.

Tête de Mercure de face, avec les mots : **OCÉAN POSTAGE**, rect.

Noir (sans aucune désignation).

NOTA. Ce timbre découpé d'une enveloppe océan penny postage (*voir* Grande-Bretagne, page 13), est offert comme étant celui d'une colonie anglaise en Océanie, que l'on a baptisée aussitôt du nom de Océan, (Mot qui se trouve sur le timbre).

Victoria.

(Possession anglaise.)

ESSAI.

Nom, reine sur un trône, rect.

6 pence noir.

TABLE DES MATIÈRES.

Bruxelles. — Typ. de Ve J. VAN BUGGENHOUDT, rue de l'Orangerie, 22.

www.ingramcontent.com/pod-product-compliance
Ingram Content Group UK Ltd.
Pitfield, Milton Keynes, MK11 3LW, UK
UKHW020514180726
13839UKWH00005B/2086